JN410914

빗물속에
숨어든 눈물

빗물속에
숨어든 눈물

초판 1쇄 인쇄일 2013년 6월 11일
초판 1쇄 발행일 2013년 6월 15일

지은이 김시은
펴낸이 양옥매
편집디자인 신해니

펴낸곳 도서출판 책과나무
출판등록 제2012-000376
주소 서울특별시 마포구 월드컵북로 44길 37 천지빌딩 3층
대표전화 02.372.1537 **팩스** 02.372.1538
이메일 booknamu2007@naver.com
홈페이지 www.booknamu.com

ISBN 978-89-98528-38-6 (03800)

이 도서의 국립중앙도서관 출판시도서목록(CIP)은 서지정보유통지원시스템 홈페이지(http://seoji.nl.go.kr)와 국가자료공동목록시스템(http://www.nl.go.kr/kolisnet)에서 이용하실 수 있습니다.(CIP제어번호: CIP2013008475)」

빗물속에 숨어든 눈물

김시은 저자

책과나무

머리말

나는 글을 만드는 작가가 아니다.
단지, 하고 싶은 말이 많은 그저 끄적거리기를 좋아하는 평범한 글쟁이일 뿐이다.
일상의 삶을 살아가며 눈물 흘릴 일 많고, 가슴치는 일이 많은 여인의 삶이란
풀어내야 할 가슴이 많기만 한 여린 존재들이다.

나는 글을 만드는 작가가 아니다.
단지, 사랑을 말하고 싶고, 이별을 말하고 싶고, 살아가는 일상적인 이야기를 말하고
싶은 평범한 여린 여자일 뿐인 사람이다.
가끔 사람냄새 나는 이야기를 끄적 거리다 보니 멋있는 글이 아닐지도 모른다.
아름답게, 예쁘게 꾸며낸 글도 아니다.
그렇기에 가슴속에 품었던 이야기를 끄적 거린 소박한 글일 수밖에 없다.

어느 날엔가,
가끔 가슴을 풀어 끄적 거렸던 이야기가 하루하루 써놓았던 일기처럼 쌓여 있었다.

글로 쓴 여인의 수다처럼 편안한 이야기라고 생각하면 되는 수줍은 글..
잠깐 떠들어 대는 소중한 나의 이야기들.....
잠시만 두 눈으로 바라보고, 잠시만 두 귀로 들어봐 주길 바라는 마음으로....

일상을 살아가는 아름다운 그대들에게 지금부터 이야기하려한다.

목차

이별과 그리움_11

살아감 그리고 사랑_51

이별과 그리움

빗물 속에 숨어든 눈물

눈물을 감추어 버리기에 좋은 빗물
차창을 바라본다.
눈앞을 가리며 흐르고 있다.

구겨진 낡고 조그만 우산……
그 안에서 어깨를 맞대고 온기를 맞대고
빗방울을 피해 가며 걷던 그 거리에서
웃음 짓던 소리만이 귓가에 머물러
그리움을 잡아둔다.

창이 넓은 유리창이 있는 이층 찻집
따끈한 수증기가 피어오르는 향기를 마주하고
유리창을 타고 흐르는 빗물을 바라보았다.
한참을 말없이 사랑의 눈빛으로 바라보던
그대를 지워 버리지도 못하고 또다시 떠올려
그리움을 잡아둔다.

가슴을 애태우는 슬픈 가사의 노래……

비가 오는 날 내 귓가에 멈추어 쉬지 않고 들리던
절절한 슬픔마저도 그대와 함께했던
그리움을 잡아둔다.

그치지도 않을 듯한 빗물
내 눈에 흐르는 두 줄기 눈물을 감춘다.

심장으로 타고 흐르는 아픔의 눈물과
가슴으로 타고 흐르는 후회의 눈물을

차창 밖에서 보이지 않도록 감추어 주는 빗물……
내 눈물 줄기를 감추어 준다.
한동안 그치지도 않을 것만 같다.
내 눈물도 한동안 멈추지 않고 흐를 것만 같다.

젠장……!!
이럴 려고 이별했나

세차장 물줄기에
깨끗해지는 자동차처럼
물줄기로 세척하면
말끔하게 지워질 마음이면 좋겠다.

세척된 자동차는
햇살에 반짝거리며
본연의 색을 찾아가지만

갑갑한 내 맘은
햇살이 비추어도
흐릿한 구름 빛을 간직한다.

젠장
이럴 려고 이별했나.
이럴 려고 이별했나.

이런 젠장

햇살에 피어나는 꽃잎은 아름답건만

내 마음은 봄바람 속에서도 시들어만 간다.

그리움이 지나치는 시간

텔레비전을 켜고 소파에 앉는다.
드라마 속 슬픈 주인공들의 모습이 내 모습으로
보이는 건 왠지 모르겠다.
아픈 사랑의 주인공들이 하는 말속에는 내가
그대에게 하고픈 이야기들만 담아냈나 보다.

묽은 한잔의 향기를 마주한다.
퍼져가는 그리움이 향기가 되어 나를 감싼다.
오래된 낡은 시집을 펴 본다.
내 마음을 모조리 말하는 슬픈 시들은 예전부터
나를 훔쳐보았었나 보다.
절절한 그리움이 또다시 가슴으로 파고든다.

모든 게 다 귀찮아져 운전대를 잡아보지만
오디오에서 들려오는 멜로디 속 가사는 왜 그리
귓가에 맺혀 머물러 버리는 건지 가쁜 한숨만
내어쉬게 한다.

어둠 속에 묻혀 보려한 포근함 잠이었건만
꿈속에 보이는 건 온통 그대 모습뿐이라서
어찌해야 할지 모르는 눈가는
또다시 그리운 눈물만 맺혀내버린다.

오늘도 어두운 밤하늘만 한참을 바라보다가
새벽하늘이 밝아지며 지나치는
그대 그리움으로 가득한 시간들을 보고야 말았다.

왜 너 때문이어야 하는 거니

왜 내가 너 때문에
해가 중천에 떠오른 날에
산책길 옆에 있는 호수를 바라보며
네가 옆에 없음을 허전함으로 메꾸어야 하는 거니

왜 내가 너 때문에
답답한 구름이 빛을 가려 버린 날
수많은 사람들이 오가는 거리에 우뚝 서서
사람들 틈…… 너의 흔적을 바라보아야 하는 거니

왜 내가 너 때문에……
촉촉한 비가 마음을 적시는 날에
빗물 속에 가려진 창문을 열었다 닫았다……
그리움이 섞인 찻잔을 물끄러미 바라보아야 하는 거니

왜 내가 너 때문에
하루에도 수십 번 떠오르는 너
나를 잊어버렸을지도 모르는 너 때문에

아파도 얘기하지 못하는 바보가 되어 버리는 거니

왜 모든 게 너 때문이어야 하는 거니

그래는 나의 단 하나뿐인 그리움입니다

어둠이 익숙한 시간
슬퍼 보이는 유리창이 눈물을
주루룩 주~루룩 흘리고 맙니다.
언젠가 눈물 가득 고인 촉촉함을
내 품에 묻어 버리던 당신은
유리의 눈물이 되어 어디론가
흘러가 버렸습니다.

마음 상처로 느끼는 통증이라면
그나마 정말 행복한 사람입니다.
살아 숨 쉬기에 아픈 거니까요.
아픔의 골이 깊은 몸은
아름답고 싶은 한 여인의 행복을
앗아가 버렸습니다. 내 품에서~

세상에서 가장 평범한 행복을
꿈꾸던 한 여인은 삶을 소망했답니다.
그래도 그래도 그래도……

내 앞에선 해맑은 웃음을 잃지 않던
여인이었습니다.

아무리 훔쳐보려 안간힘을 써도
엿볼 수도 없는 먼 하늘 끝은~
정말 아름다움만 가득한 그런
곳이었으면 좋겠습니다.
아름답고 착하기만 했던 내 여인이
먼 곳에서나마 행복하게 말입니다.

지금도 그 먼 곳으로부터 흐르는
유리의 눈물이 흐릅니다.
세월을 빠르게 흘려보낼까 합니다.
아름다운 내 여인을 만나러
서둘러 서둘러 가고 싶습니다.

착한 그 사람은…… 그 먼 곳에서도
못난 내가 걱정스럽기만 한가 보네요.

멈추지 않는 유리의 눈물이
토독 토로록~ 유리창을 어루만지며
이야기합니다. 내 귓가에 살며시
슬퍼 말아요. 걱정 말아요. 당신~
내 눈에 맺힌 눈물이 유리의 눈물과
하나가 되어 잠마저 들 수 없는 어둠입니다.
숨 쉬기 힘들 정도로 너무도 그리운 내 사람~
당신을 너무 사랑합니다. 너무나요.

그대는 나의 단 하나뿐인
그리움입니다!

그 아픔 내가 접수할게 넌 절대 아프지 마

많은 얼굴들이 보일 거야
웃고 있는 살아감의 얼굴들
많은 사람들이 네 곁을 지나가고 있겠지
행복을 감싸 안은 듯 푸근한 얼굴들로

맑은 햇살이 게슴츠레한 눈을 뜨게 하는 날
잿빛 구름 가득한 낮기만 한 하늘 아래서도
하늘이 눈물방울 떨어뜨리는 그런 날엔
더…… 더…… 더…… 아플지도 모르겠구나.

사람들에게 물어봤더니
다들 아프다고 하더구나 많이 아프다고
아픈데 왜 웃느냐고 물어봤더니
그냥이라고 그렇게 쉽게 대답하더라.

나도 아파…… 너무 많이 아파
웃고 있는 내 모습이 씩씩해 보이겠지만
나도 아파…… 너무 많이 아파

그래도 내 아픔에 너를 더할게
그 아픔 내가 접수할게……
　　　　넌 절대 절대 아프지 마

가슴이 아플 땐

울자 울자
아픈 만큼 울자!
울다가 울다가
토를 한다 해도 울자!

울지도 못하는 내 속엔
멍이 들고 또 들고
잊어내기도 힘든 멍이 들고 또 들고

울자 울자!
다 토할 만큼 울자!
그래도 남는 아픔이라면
절절히 너를 사랑한 내 죄이다

웃자 웃자!
슬픈 만큼 웃자!
웃다가 웃다가
숨이 막힐 만큼 웃자!

웃지도 못하는 내 속엔
눈물이 맺히고 또 맺히고
흘리지도 못하는 눈물이 맺히고 또 맺히고……

웃자 웃자
숨넘어갈 만큼 더 크게 웃자
그래도 남는 슬픔이라면
절절히 사랑해서 잊지 못하는 내 죄이다.

눈물소리

내리는 빗물이 소리를 내어 노래한다.
가로수 푸른 잎에 살바람으로 부딪히며 노래한다.
빗물의 부딪힘에 힘없는 잎새가 간신히……
보고픔의 무게를 버텨 내나 보다. 간신히……
슬픈 노래에 떨구는 버거운 고갯짓 잎새려나 보다.

조용한 빗물이 소리를 내어 노래한다.
가지런히 놓여 있는 항아리를 두들기며
멈춤 없는 노래를 한다.
묵직한 항아리 둘레에서 쉬지 않고 흐르는
빗물로 노래한다.
멈춤 없는 항아리의 눈물로 흘러내린다.

구슬픈 노랫소리를 여기저기에서 알려준다.
아스팔트 위에서도 거침없이 심장소리를
두들기며 노래하기 바쁘기만 하다
유리를 타고 흐르는 빗물 속에서도 노래한다.

소리가 없는 눈물인 줄 알았다. 이제까지……
여기저기서 들리는 빗물소리에 담겨져 있었다.
눈물에서 소리가 난다는 걸 이제야 알겠다.

슬프도록 힘겨운 눈물소리가 난다.

후둑 후둑 후두두둑 이제 제발 멈추어라!

우리 중간 어디쯤 길 위에서 만나자

있잖아

내리막길 끝에
너의 마음이 머무른다면 좋겠다.
빠른 달음으로 내려가도 힘들지 않게 말이야
그렇게 한달음에 내려갈 수 있게

그런데

오르막길 끝에 있는
너의 마음을 어쩌면 좋으니
한 걸음 한 걸음 천천히 다가가도
그렇게 천천히 다가가도 너무 숨이 찬데 말이야

그러니까

우리 중간 어디쯤 길 위에서 만나자
너는 나를 향해 쉬운 달음으로 내려오고

나는 너를 향해 조금은 힘들지만 천천히 갈게
그러니까

우리 중간 어디쯤 길 위에서 만나자
돌아서지 말자…… 잊혀지지 말자…… 이 맹추야

괜찮아…… 괜찮아……

문득 이런 생각이 들었다. 너 때문에
너의 가슴에 눈물을 가두어 놓은 모습이
너무 슬퍼 보이던 날에

언젠가 나도 너처럼
나의 가슴에 눈물을 숨겨 놓았던 적이 있었거든
너처럼 많이 아팠었단다.

숨기려고 애를 써 보아도
아픔은 감추기가 힘든 건가 봐
아무리 숨기려고 애를 써도 말이야

그랬던 날
울 엄마가 그러시더라
나를 꼬~옥 보듬어 안으시고는

괜찮아…… 괜찮아……

세상 살다 보면 별의별 날들이 다 있단다.
그래도 살아가야 하는 이유는
네가 있기에 행복한 사람들이 있기 때문이란다.

괜찮아…… 괜찮아……

울어야 할 날도 웃어야 할 날도 있단다.
그래도 살아가야 하는 이유는
너를 사랑하는 사람들이 있기 때문이란다.

타독…… 타독…… 타독…… 타독……

흐린 구름 가득한 날 울컥한 기억 버리기

길 위에
굴러갈 것만 같았던
자갈돌 하날 걷어차 버렸다

내 안에
묻혀 터질 것만 같았던
뭉클한 하날 걷어차 버린다.

마음에
멈출 것 같지 않았던
가득한 외로움을 걷어차 버린다.

내 안에
묻혀 머물러 버릴까봐
씁쓸한 하날 걷어차 버린다.

길 위에
굴러갈 것만 같았던

자갈돌 하날 힘껏 걷어차 버렸다.

빵~~~~~!

미련한 이별연습

그대여 눈물 없이 하는 이별은 없나
주루륵 떨어지는 눈물은 어찌하나

그대를 바라보라 하는 두 눈이건만
바라볼 수 있는 건 등진 그대 뒷모습뿐

향기로움만 가득하던 그 향기는
짙은 그리움 되어 쓰디쓴 맛 되어 버리고

그대가 그리워할 거란 나의 미련은
하늘 바라보는 한숨으로만 가득한데

이별을 연습한다는 어리석은 변명은
후회해도 늦어 버린 아픔으로 자라고

이별을 연습한다는 어리석은 변명은
후회해도 찾아오지 못하는 그리움으로
남아 버린다!

꾸물거리

지금 그대가 걷고 있는 거리는 꾸물거리
답답한 맘 쓸쓸한 마음에 하늘도 꾸물거려

지금 그대가 살아가는 인생은 만남의 광장
만남은 자유롭다 하지만 상처는 크기만 하다

지금 그대가 사랑하는 사람은 혼자만의 사랑
그 사람 그대 말고 다른 사람 사랑한다 하네

지금 그대가 내게 하고 싶은 이야기는
꾸물거리 걷고 있는 아픈 마음 말하려 한다.

지금 내가 그대에게 하고픈 이야기는
남자는 바람 여자는 향기
그대여 꾸물거리 혼자서만 걷지 말고
바람 같은 향기에 취해 엉뚱한 곳 바라보고 울지 마라.

지금 그대 곁엔 꾸물거리 함께 걸어 주고픈
지금 그대 곁엔 아픈 얘기 함께 들어 주고픈

내가 있다는 걸 잊지 말아라.

2013년 2월 4일로 접어든 시간(입춘)
지금 함박눈이 내립니다

세상을 하얗게 가두어 내리는 눈님
서둘러 내려오는 길이라곤 없는데
어쩌자고…… 그리운 님의 얼굴을
그려 가며 내려오시는지요.

소리 없는 길을 이리저리 흩날리며
저 멀리 기억 속으로 흩어졌던
곁에 없는 님을 자꾸만 또렷하게
모아서 선명하게 내리시는지요.

눈 내린 거리 눈발 속에서 함박웃음으로
세상의 모든 기쁨을 환하게 가두던 님
애써 잊으려 가두어 두었던 깊은 곳에서
또다시 눈시울로 떠오르게 하시나요.

흩날리던 눈발을 피해 들어간 조그만
제과점…… 갓 구워낸 팥빵으로 허기를
때우며 행복을 말하던 맑은 눈빛을

애써 잊으려 가두어 놓았던 깊은 곳에서
또다시 눈물로 떠오르게 하시나요.

골목길 가로등 밑 셀 수 없을 눈발 속에서
축복이라도 받은 듯 두 눈 감으며
차가운 입맞춤을 처음으로 느껴 버리던
애써 잊으려 가두어 놓았던 깊은 곳에서
또다시 통증으로 떠오르게 하시나요. 왜~

2013년 2월 4일로 접어든 시간(입춘날)
지금 함박눈이 내립니다.

연필과 지우개

내겐 연필과 지우개가 있다

사랑을 그리고 명암을 주기 시작했다
그 위에 행복을 채색할 참이었다.
순간 연필이 부러지고 그동안 그려왔던 그림 위에
부러진 연필로 인한 흑점이 선명하게 남아 버리고 말았다.
그림을 지우던지 아님 새로운 그림을 그려야 했다.

내겐 부드럽지 못한 조금은 견고한 지우개가 하나 있었고
그려 놓은 그림을 지우기에는 부적합함을 알았지만
달리 방도가 없어 지우기 시작했다.
예상했던 일이었지만 그림은 마구 번지기 일쑤였고
심지어 그림 바닥이 손상되는 일까지 일어나고야 만 것이다.

그동안 열심히 그려 놓은 그림!
결국은 손상이 되고
눈물이 났다. 눈물이……
버려야 할 것 같다. 첨부터 조심스럽게 그릴 걸

부드럽고 잘 지워지는 지우개를 사용할 걸
새로운 도화지가 필요한데
사러 가기 귀찮다.

그런 날이 있어

살아온 날들이
또렷하게 떠오르는
그런 날이 있어

설레는 만남에
어둠이 가득한 시간을
밤새워 기다리던 그날!!

먹먹한 그리움에
숨죽여 아파했던 시간을
맘으로 그려 보던 그날!

보내는 슬픔에
목 놓아 참아 내던 아픔을
눈물로 보내려던 그날!

가끔은 사랑에
입가에 머무르던 행복을

미소로 잡아 두던 그날!

살아온 날들이
또렷하게 떠오르는
그런 날이 있어

진심

모두 보여줄 수도 드러낼 수도 없는 마음을
감추고 감추며 한 사람을 사랑한다.

사랑한다 말하면 멀리 가버릴지도 몰라서……
그저 웃음 띤 얼굴로 바라보기만 한다.

다른 사람과의 이별에
슬프다고 아프다고 그대는 내 앞에서 울고만 있다.

그대 때문에 내 마음은 죽을 만큼 힘들게
아프고 아픈 숨을 내쉰다는 걸 모르는 건지

그대가 다른 사람과 행복의 미소 지을 때
내 가슴은 잿빛 구름이 떨구어 내는 눈물로만 가득했다.

다른 사람과의 이별에 눈물 흘리며 말하는 그대를
내 가슴은 참을 수 없는 가슴앓이와 통증으로 품었었다.

바보 같은 그대는 모르는 척하는 건지
정말로 몰라서 그러는 건지

바보 같은 내가

그대를 진심보다 더 아픈 가슴으로 바라본다는 걸
그대는 아는 건지 모르는 건지

그대를 대신해 무한 곱의 아픔을 간직한다는 걸
그대는 아는 건지 모르는 건지

가슴을 소리로 바꾸어 말하고 싶다.
간절한 그 · 대 · 에 · 게……
내 아픔 같은 그대를 사 · 랑 · 한 · 다! 고

하고 싶은 말이 있어요

가슴속에 쌓으면
끝도 없이 쌓을 것만 같았죠.

처음 울음을 터트린 날부터
지금까지의 이야기들

어린 나보단 두 배나 키가 크던
예쁜 여인의 모습을 동경하던 어린 시절
꿈이 무엇인지 어른이 된다는 것이
무엇인지 알 것도 모를 것도 같았던
순박한 소녀의 모습이었던 시절

사람과 사람 사이에서
부딪히는 살아감이 어렵지만
시간이 주는
여러 가지 색깔의 맛이라는 걸
어렴풋이 느낄 수 있었던 시절

그리고……

처음 울음을 터트린 날부터

지금까지의 이야기들

가슴속에 쌓으면

끝도 없이 쌓을 것만 같았죠.

이젠…… 모두 말하고 싶어요.

진짜…… 하고 싶은 말이 있어요.

그리움이 내립니다

정신이 흐릿한 감기 기운에
덥혀진 답답함을 잊고 싶어
잠깐~ 차가운 시원한 공기를
들이켜고 싶었어요.

지금 창밖은
눈 내리는 고요함이네요.

생각하지 못했던 하얀 세상이
빛을 흡수하고 소리를 흡수하고
존재하는 모든 것들을 고요함 속에
가두어 버리고

소리 없이 내리기만 하는 흰 눈이
지나가 버린 소중한 추억들을
보고 싶게 만드는
그리움이 되어 버리네요.

그리움이 내리는 고요함이네요.

내 소중한 그리움은
내리는 흰 눈 속 어디 즈음에서
그리움을 말하고 있으려나요

그리움이 내립니다.
이 밤엔 그치지 않으려나 봅니다.
정신이 흐릿한 감기 기운마저도
그치지 않으려나 봅니다.

살아감 그리고 사랑

소년의 첫사랑

밝은 빛을 처음 보던 놀라움에
놀란 울음 터트리고
어둠 밖으로 나온 어느 날
그날부터…… 난
널 만날 준비를 하고 있었나 봐

흰 눈 내리던 입학식 날
긴 머리 소녀들 속의 긴 머리 소녀
처음 바라본 너의 모습
그 모습에 반해 십 년이 넘어 버린
시간을 바라만 보았잖아

하얀 털모자에 하얀 목도리
그 안에서 맑디맑은 첫눈처럼
밝게 빛나던 그 모습
그 모습에 반해 십 년이 넘어 버린
시간을 바라만 보았잖아

기다려 온 오랜 시간이
두근두근 설렘으로 벅차올라
기다려 온 오랜 시간이
발갛게 부끄러움으로 달아올라

그날부터 난……
그 모습에 반해 십 년이 넘어 버린
시간을 바라만 보았잖아

그날부터 난……
널 만날 준비를 하고 있었나 봐
그날부터 난……
너만을 사랑해 너만을 사랑해……

널 만날 준비를 하고 있었나 봐
그날부터 난……
너만을 사랑해 너만을 사랑해……

만남은 그리 쉽게 흡수되었다

땀방울이 잠깐의 움직임에
쉽사리 흐름을 느끼던
햇살이 눈부신 여름의 시작

콩닥거리는 가슴과
알 수 없는 느낌.. 설렘
그리 쉽게 다가온 이유는
무엇 이었나

바쁨으로 채워 가는
쉽지만은 않은 긴 시간을
무뎌짐으로 채워 왔었기에
그랬을 것인가

이유를 달아 버리기엔
너무나 갑작스런 설렘이었을
까닭 이었나

수줍기만 한
인연이라 생각되는 만남은
그리도 쉽게 흡수되었다.
어설픈 가슴앓이가 시작된

여름의 향기가 흩날리기 시작한다.

거짓말 같은 진짜 이야기

사랑이란 없다고 믿었던
한 여자가 있었다.
사랑이란 그저 꾸며낸
감상일 뿐이라고

행복이란 없다고 믿었던
한 남자가 있었다.
행복이란 보이고 싶은
허상일 뿐이라고

사랑이란 머나먼 곳에
감춰진 이야기일 뿐
행복이란 머나먼 곳에
숨겨 놓은 이야기일 뿐

탓하고 싶지 않은
그 여자의 진심은 거짓!
탓하고 싶지 않은

그 남자의 진심은 거짓!

그 여자의 길
책임과 현실의 벽 앞에 놓인
공간의 길

그 남자의 길
열정과 피곤함이 돌고 도는
공간의 길

길 위에서
두근대는 심장소리를 듣는다……!!!
미묘함이 감도는 그들만의
공간의 길 위에서

눈물 나게 아름다운 사랑을
두근대는 심장이
미소 가득한 찬란한 행복을

두근대는 심장이

사랑은 먼 곳에서 향기로 불어오는
운명 같은 진짜 이야기
행복은 먼 곳에서 감동으로 다가온
운명 같은 진짜 이야기

사랑받는 여자

듣기 싫은 말에도
항상 세심하게 귀 기울여 주는 여자
삐져 있는 그 남자를 위해
귀여운 애교를 부리는 여자
일할 땐 배고픔도
잊어버릴 만큼 열심인 여자
그 남자에게 사랑한다고
매일매일 말해 주는 여자
그 남자의 아픔에
함께 눈물 흘려주는 여자
그 남자의 외로움을
조금씩 조금씩 채워 주는
그 남자에게 사랑받는 그 여자.

사랑받는 남자

듣기 싫은 말에도
항상 세심하게 귀 기울여 주는 남자
삐져 있는 그 여자를 위해
귀여운 애교를 부리는 남자
일할 땐 배고픔도
잊어버릴 만큼 열심인 남자
그 여자에게 사랑한다고
매일매일 말해 주는 남자
그 여자의 아픔에
함께 눈물 흘려주는 남자
그 여자의 외로움을
조금씩 조금씩 채워 주는
그 여자에게 사랑받는 그 남자

이별 없는 그대와 나의 간절한 사랑이라

밤이라 지어진 어둠의
공간 속에서도
한 줄기 빛을 비추어 내는 건
그대의 사랑이다.

얼어붙은 물이 말하는
참아 내기 힘든 추위에서도
따스한 햇볕이 되어 주는 건
그대의 사랑이다.

흐르는 땀방울이 말하는
미친 듯한 더위에서도
시원한 바람이 되어 주는 건
그대의 사랑이다.

아침이라 지어진 밝음의
공간에서도
살아감의 희망이 되어 주는 건

그대의 사랑이다.

시간을 사로잡아 멈추게
하고 싶은 건
이별 없는 그대와 나의
　　　간절한 사랑이다.

후회 없는 사랑을 위하여

마음에 두고두고
겹겹이 쌓아올려도
또다시 쌓아갈 만큼
마음이란 넓디넓은 공간에
어디쯤이 끝인지도 모를
사랑을 쌓아가 보렵니다.

끝이 보이지 않아
지쳐 쓰러져 버릴 만큼
후회도 없고 여운도 없을
마음이란 끝도 없는 공간에
사랑을 쌓아가 보렵니다.

시작이 어디였는지
점을 찾아보려 해도
찾을 수 없는 내 아릿한 통증이
언제부터인지 어렴풋이 쌓여와
이제는 멈추지도 못하고

또다시 쌓아가고 또 쌓아가고
세월이 쌓여 가고 있습니다.

계절 비가 수차례 내리고
시작을 맞이하는
설레는 햇살의 떠오름이
수억만 번 반복되더라도
마음이란 영원한 공간에
쌓아가고 또다시 쌓아가고
사랑을 쌓아가 보렵니다.

후회 없는 사랑을 위하여……!!!

잘난 척하는 귀여운 여자

흩날리던 머릿결을
바람 사이로 가볍게
날려 버리는 도도함

멋지게 흐트러짐도 없는
킬힐과 걸맞은 걸음걸이가
위험천만해 보여도

백색과 흑색의 조화로운
워킹걸의 걸쳐진 의상빨~은
주름 한 점 없다

모든 이의 시선을 즐기는 듯
시선은 한곳을 향한다
십오도 하향 각도 살짝 내려다보는
흔들림 없는 눈동자
추켜올린 섬세한 턱선

도도함에 취한 그 여자……!!!

잘난 척하는 여자……!!!

.

.

.

삐~~~끗……!!! 엄마야~~

잘난 척하던 귀여운 여자……!!!

바보라서 너는

매일처럼 들리던 너의 목소리
오늘은 들리지 않아

서운한 맘 왠지 모르잖아
울컥한 맘 왠지 모르잖아

매일처럼 바라보던 너의 미소
오늘은 보이지 않아

서운한 맘 왠지 모르잖아
울컥한 만 왠지 모르잖아

바보라서 너는……정말……

내 남자 알콩이는

그 남잔 아름다운 남자
시간을 사탕처럼 녹여내는 남자
열 잔 술이 술술 넘어가는 호탕한 남자
가끔 내 시끄러운 잔소리에
멋쩍게 웃음으로 얼버무리는 남자
그리움이 파고들 땐 가끔 눈가에 눈물이 맺히는 남자
현실 앞에 당당한 남자
내 남자 알콩이는 나만을 사랑하는
멋진 남자 사랑하는 내 남자……!!!
사랑해 내 알콩이

내 여자 달콩이는

그녀는 씩씩한 여자
시간을 껌처럼 씹어 버리는 여자
한 잔 술이 독약 같은 때론 나약한 여자
가끔 내 못돼 먹은 꼬라지에
포근한 미소로 감싸 주는 여자
그리움이 파고들 땐 가끔 눈가에 눈물이 맺히는 여자
현실 앞에 당당한 여자
내 여자 달콩이는 나만을 사랑하는
바보 같은 여자 사랑하는 내 여자……!!!
사랑해요 내 달콩이

사랑을 말하는 알콩…… 달콩……~
그 남자와 그 여자……!!!

당신만 사랑해요

한 사람에게만
　　　사랑 줄 겁니다.
한 사람에게만
　　　맘을 허락할 거구요.
한 사람에게만
　　　미소 지을 겁니다.
한 사람에게만
　　　모든 걸 내어 줍니다.
한 사람에게만
　　　고백합니다.
그 한 사람이
　　　당신이라고

당신만 사랑해요!

귀여운 밀당

난 대로변 높은 빌딩
출입문이 아니라고
넌 밀었다가 당겼다가
가만두질 않는 거니

난 단순하고 때론 바보
마음 약한 여자일 뿐
넌 그런 내가 달아날까
두려운 맘 있는 거니

난 너에게만 진짜인 걸
오직 너만 바라본다는 사실
넌 나 하나만 바라보는
일편단심 진짜인 걸 알아

난 대로변 높은 빌딩
흔들림 없는 튼튼한 건물
넌 대로변 높은 빌딩

흔들림 없는 튼튼한 건물

나와 넌 한결같은 마음이야
밀당……?? 필요 없는 장난이야
너와 난 오로지 흔들림 없는
마음인 걸

그러게 너와 난 천생연분
찹쌀떡 궁합
그러게 너와 난 천생연분
행복한 커플

소리 없는 시간이 흐른다

겁 없이 한 치의 오차도 없는
고요 속의 초침 소리가
무서움도 없는 생의 그림자를
키워만 간다.

돌아보면 후회와 안타까움에
동동거리던 생의 그림자
그림자 위엔 아쉬움들이 묻어나고

후회 없는 너의 삶이었냐는 타인의
질문에 대답한다.
후회도 많고 아쉬움도 많았다만
그저 되는대로 열심히 살았노라고

또다시
소리 없는 시간이 흐르고
또다시
생의 그림자를 키워만 가는

당신에겐 향기보다 아름다운. 땀방울이 흐른다

안쓰러울 만큼
모든 시간들을 흐르는 땀방울로
무장해 버리는 내 남자

힘들고 지쳤을 시간들도
웃음으로 얼버무리며
든든함을 선물하던 내 남자

눈물이 날만큼
외로움에 쓸쓸함을 더하던 날……
그런 날엔 한잔 술에 홀로 위로하며
눈물을 감추던 내 남자

소리 없는 묵묵한 미소로
사랑을 지켜 내는 한결같은 얼굴
너무 멋진 내 남자……!!!

당신에겐 향기보다 아름다운
　땀방울이 흐른다.

왜…… 그리 착한 남자가 되어 그녀를 사랑하신 겁니까?

소주 한잔의 이름을 멋들어지게
지어 버린 누군가는 시인인가 봅니다.
눈물을 한잔 이슬로 범벅 시키는 나는
너무도 착하기만 청춘의 남자입니다.

맛깔난 거리 음식으로 주린 배를
채우던 웃음소리 행복을 남기고
가로등 밑 달콤한 입맞춤의
가느다란 호흡의 사랑을 남기고
텅 빈 영화관 슬픔의 감동을
미어지는 가슴으로 함께 느끼고
살점이 쓰리도록 불어오던
찬바람의 체온을 맞잡은 두 손으로
뚜벅뚜벅 함께 막아내더니

여리디 여리기만 한 이슬 같은 그녀가
명품 시계가 멋지게 어울리는 남자
나쁜 남자 하날 사랑한다고 가버립니다.

달콤하고 씁쓸한 이슬방울을 떨구어 내고
마른 잎새 되어 그리 쉽게 날아가 버립니다.

이슬이 범벅되어 버린 이별의 소리가
나에게 묻습니다.
이슬에 취해 버린 아픈 가슴의 소리가
나에게 묻습니다.

왜~ 그리도 착한 남자가
되어 그녀를 사랑하신 겁니까~?
쉴 새 없이 흘러 버린 세월의 그리움을
어찌 감당하시려고

당신 때문에 행복한 버릇이 생겼어요

이불을 친구 삼아
떠나보내기 싫은 아침
눈뜨며 제일 먼저
당신을 떠올리는 일은
내가 가진 하루
제일 먼저 하는 나의 버릇

출근길 당신에게 받는
반가운 아침인사 목소리에
숨기지 못하는 반가움을
큰소리로 멋없게 대답하는 버릇

멍한 가슴 품어 버린 날
그리움이 가득한 그런 날엔
커다랗게 웃어 버리는
당신의 호탕 웃음소리에
멍할 겨를도 없이
함께 웃어 버리는 버릇

먹다가도 입다가도
당신에게 예뻐 보이려고
덜렁이 내 모습을 감춘 채
이쁜 척 도도한 척 얌전한 척
내숭을 밥 먹듯 익혀 버리는 버릇

화창하게 맑은 하늘을
먼 시선으로 바라보는 날엔
온종일 떠오르는 그대 생각에
혼자 바보처럼 히죽거리며
웃어 버리는 버릇

당신 때문에 이상한
버릇들이 생겨 버렸어요.
당신을 시작으로 떠올리는 버릇
당신께 멋없는 큰소리로 대답하는 버릇.
당신을 만날 내숭을 연습하는 버릇
바보처럼 혼자 히죽거리는 버릇

그리구요
당신을 쉬지 않고 사랑하는
정말 행복한 버릇이요

어느 아름다운 시인의 사랑 노래를 훔쳐보다가

젊고 아름다운 날
아름다운 여인을 철모르게 사랑을 했더랍니다.

생각 속에 생각을 가두고
그 속에 마음을 가두고
젊은 날의 아픔을 담아내는
세상의 아름다움을 만들어 가는
글로 그림을 그리는 시인이었답니다.

여인의 마음이 도망가는 줄도
여인의 마음이 망설이는 줄도
여인의 마음이 흔들리는 줄도
여인의 마음이 돌아서는 줄도
아 · 무 · 것 · 도 모르고
글로 그림을 그리는 시인이었답니다.

시간이 넋 놓은 세월처럼 흘러가 버렸답니다.
그리움의 마음을 사랑하던 때보다

그 여인을 곁에 두었을 그때보다도
더…… 더…… 파고드는 후회의 그리움을
중년의 시인이 슬픔으로 노래했더랍니다.

향기가 머물러 버린 추억의 길을 걷다가도
향기가 머물러 버린 버릇처럼 들리던
서점을 돌아볼 때에도
향기가 머물러 버린 매콤한 라면 한 사발을 비우다가도
이제는 가고 없는 그리움의 여인을 바보처럼
중년의 시인이 되어 가슴으로 노래했답니다.

어느 아름다운 시인의 노래를 훔쳐보다가
지난날 철모르게 사랑했던 그리운 그대를
글로 그리는 글쟁이가 되어 이제와
바보처럼 노래하는 나를 바라다봅니다.

상 · 사 · 병

바보 같은 내가 그대를 너무 사랑하나 봐요.

나지막한 구름이 회색빛으로 물든
길을 걷고 있습니다.
흩날리는 빗방울의 작은 소리에
한 발짝 한 발짝 리듬을 맞추기 시작합니다.
빗속에 숨어있는 그리움이 음률에 맞추어
하나씩 하나씩 비를 타고 내려오는가 봐요

이내 떠오르는 그대의 얼굴을
그려 내는 건 그리 어려운 일이 아닙니다.
의미 없이 바라보는 사람들 틈에서도
그대의 모습이 선명하게 보입니다.
언제나 웃음으로 편안함을 선물하던
그대가 사람들 틈에서 미소로 반기고 있네요.

눈에는 그대의 멀쑥한 모습이 아른거리고
귓가엔 그대의 호탕한 웃음소리가 들리고

가슴엔 그대 때문에 멈추는 걸 모르는
두근거림의 16박 비트가 자리 잡습니다

이를 어쩌면 좋아요
가슴 깊은 곳에 그대가 이미
떨림으로 자리 잡혀 버렸는데요.
점점 시간이 가버려요
시간이 갈수록 더욱 커다랗게
더욱 선명하게 보이기만 하는데요.

바보 같은 내가 그대를 너무 사랑하나 봐요

난 나을 수도 없는 불치병
상사병에 걸려 버린 거 같아요……!!!

아침 하늘을 바라보다가

아침 하늘을 바라보다
화창함이 지나치도록 푸르고 맑은
빛깔 고운 하늘을 두 눈에 담습니다.

아침 하늘을 두 눈에 담아 보다
맑은 눈망울에 하늘빛을 가두어 내던
그대의 두 눈을 마음 깊이에 담아 버립니다.

아침 하늘과 함께한 살바람 숨 쉬다가
산들바람 불어오던 언덕길 끝에 서서
양팔 벌려 반가움을 손짓으로 맞이하던
고운 꿈같은 그대를 담아 봅니다.

아침이 오늘처럼 밝아오는 날엔

빛깔 고운 하늘 바탕 위에
하늘빛 닮은 그대 눈빛을 잡아
고운 그대 꿈같은 그림을 그려 봅니다.

찰칵~!!!　by 시은

빨래

새하얗게 널려 있는 빨랫감들
불어오는 바람에 살랑거리고
따사로운 햇살에 눅눅한 마음
사라져 홀가분함을 대신하는

반짝임이 부딪히는 봄날

그 하늘 맑음과 따사로움처럼
활짝 웃어 주던 그대가 그리워
줄 하나에 가지런히 널려 있는
살랑거림을 차곡차곡 거두고

그리움을 쌓아간다.

하나하나 가지런히 정돈하는
내 손길로 곱게 곱게 어루만져
지쳐 버린 그대 마음에 상쾌함
선물하려 사분사분 놓아 보고

너에게 내 그리움을 선물한다.

반짝임이 부딪히는 봄날~
그대 향한 그리움을 쌓아
너에게 선물한다.

이런 날은 한잔 하시게나

바삐 살아온 삶이
어깨를 짓누르는 무게로
느껴질 때

가볍고 편한 신발을 신고 걸어도
조금 더 걸어가는 게 벅차다
느껴질 때

세상 태어난 순간 이루려 했던
꿈들에 자랑스럽게 다가왔지만
멀게만 느껴질 때

그리운 옛 친구가 서글프다
한탄하는 이야기가
나의 한탄으로 느껴질 때

그리고 그저 그런 날

이보게
이런 날은 한잔 하시게나

춤을 추는 피아니스트

가로 세로
사람이 설 자리는 없다.
아주 작은 무대 위
고운 소녀가 춤을 추기 시작한다.

소리 없는 묵음의 사이사이로
사뿐히 내려앉는다.
작지만 커다란 모습으로
무대 위를 빙그르 돌아내리는

현란한 몸짓과 멈춤의 시나리오
타들어 가는 장작의 춤사위
파고드는 떨림은 피할 길이 없다.

그토록 아름답기만 하던
뜨거운 불길은 서서히 열기를
잃어가지만
남아 있는 따스함이 무대 위에 머문다.

떠나기를 거부하는 멈춘 듯한 고요함.

갈채와 환호……

계절일기

차가움이 머물던 일월엔
새싹이 돋아날 거란 간절한
그리움에 찬바람을 버티어 내고

단단하게 얼어붙은 이월엔
묵직한 땅의 기운으로
추위를 눌러 강직한 씨앗을 만들고

살랑이는 바람이 일던 삼월엔
향기 머금은 발돋움의 설렘을
한잔의 허브 숨결에 담아 예감하고

기대 만발한 꽃을 피우던 사월엔
문득 다가온 인연에
숨죽여 바라보기를 한참을 바라보다가

짙은 향기로 내리던 꽃비 흩날리던 오월
향기를 비처럼 쏟아내던

나무 아래서……
그리움을 계절 비로 버무리고

한 스푼 향기로 저어 버린 유월
백지 위에 그려 보고 또 그려 보던
그대의 두 눈을 바라보던 미소 번져 오고

녹음이 이리저리 어울리던 칠월
풀잎 내음에 입 맞추며
그대가 내게 머무를 거란 걸 알았고

삶아 버릴 듯 이글거리던 팔월엔
지치고 힘겨운 살아감을 함께이기에
이겨낼 고마움을 선물 받았고

넉넉한 미소가 그리워지던 구월엔
비좁은 마음을 넓혀 그대의 자리를
만들어 그리움을 키워 내고

가지마다 풍성한 시월의
달콤한 내음은 한결같은 마음
그대를 믿음으로 믿게 하고

감동으로 밀려오던 십일월을
가슴 가득한 눈물방울로
감동으로 가득한 눈물로 맺혀 내고

다시 다가온 차가운 십이월엔
감사한 계절을 그대와 함께 다시
시작하리란 새로운 약속을 한다.

여보세요! 울 서방님

아침
어제 마신 달달한 술 때문에
이불 속에서 나오시기 어려웠죠?
겨우 시큼한 오렌지 한 알 입에 물고서야
일어나신 울 서방님

그러게
술 좀 적당히 드시라니까요.

아침밥
쓰리는 속 앓이 때문에 밥이
걸려 넘어가지 않았을 거예요.
결국 굶주리고 나가시는 뒷모습이 무척
안쓰럽기만 한 울 서방님

그러게
술 좀 적당히 드시라니까요.

점심
바쁜 일과 속에 제대로 된 점심 못 드신 게죠?
인스턴트 음식으로 한 끼 때우셨을 텐데
따끈한 도시락 배달 해드리고 싶지만, 맞벌이 마눌
챙겨드리지 못해 미안할 뿐이네요.

그러게
술 좀 적당히 드시라니까요.

퇴근 시간
선후배 동료들 오는 연락
거절 못해 또다시 달콤한 술자리
친절하고 예쁘게도 전화 주시는
사랑스런 내 남편 참말로 이뿌다. 이뻐……!!

오늘은……
술 좀 적당히 드실 거죠??

무감촉의 발자취

아름다운 그 향기만 남기고
가보지 않은 먼 길 떠나고 마는
너무나 가슴 아픈 그대

무감촉의 발자취로
세상의 마지막 빛을 향하는
너무나 소중했던 그대

남겨진 슬픔들이 아쉬워
잠시 뒤돌아보았을
너무나 안타까운 그대

세상살이 모질었던 삶도
세상살이 행복했던 삶도
세상살이 절절하게 사랑했던 삶도
잊을 만큼 잊으시고

무감촉의 그 길을

고운 길로 만들어 가시길

눈물을 흘리다.

슬픔의 눈물

마누라의 일기장

술에 취해 흥청망청
하루하루를 보내는 내가
마누라와 한바탕 할 일은 예정된
일이었다.

우리 마누라
왕년엔 그래도
귀엽고 사랑스런
누구에게나 인기 많았던
인기녀였다.

그녀를 알고
그녀를 사랑하고
사랑으로 만든 열매가
둘이나 있고
푸념 같은 웃음이 난다. 후~훗!
나 때문에 펑퍼짐 된 내 마누라

엇 그제였던가?
마누라의 잔소리에
현금 봉투 내밀며 우쭐대었다.
자랑스럽게
그리고는 한마디
"돈~ 많이 벌어 주니까 좋지?"

약속을 하고
또 약속을 하고
한잔 술에 취하고
울 마누라 앙칼지게 한마디!!
"들어오지 마!!"

휴일 마트 가자 졸라대는
마누라 무시하고, 열심히
드르렁 쿨~!!!

몇 시나 되었을까

마누란 아직도…… 감감무소식……!!
돼지고기 넣어 끓여 낸 김치찌개와
갓 지어낸 맛난 저녁을 기대하던
난~
허탈감에 빠지고

아~ 심심하다.
놀려 먹을 마누란 오지도 않고

무심코
눈에 띈 노트 한 권
가계부인가?
깨알 같은 글씨로 가득한 내 이야기
한바탕 싸우던 날, 월급 봉투 주던 날
즐거웠던 날, 아이들과 외출하던 날
내가 많이 아팠던 날
나 때문에 눈물 흘리던 날!!

함께한 모든 날들을 기록했던
내 마누라의 일기장엔

“그래도 당신만 사랑해”

눈시울이 붉어진다.

사랑벌레

어쩌다가 바라보았을까요.
줄지어 열심히 부스러기를 이고 지고
나르는 조그만 개미떼 행렬을요

이리저리 너무도 열심이더랍니다.
줄지은 개미 행렬에 시선을 따라가다 보니
조그만 흙무더기 안, 작은 구멍이 보이네요.

근데…… 저 커다란 개미는 뭐죠?
조그만 개미 대여섯 배는 되어 보이는데

맞아요! 여왕개미였답니다.
날개를 파드륵 떨기도 하고 위엄 있게
이리저리 거닐기도 하는 여왕개미요.

수많은 개미떼들은 여왕을 위해
할 일이 아주 많은 듯 보입니다.
쉬지 않고 바쁘기만 하네요.

여왕을 향한 그들만의 숭배는
작기만 한 그들을 충성으로 가득한
사랑벌레로 만듭니다.

하루를 저리 바쁘게 만듭니다.
가득한 사랑을 퍼주기만 바쁜
안타까운 사랑벌레들……

내 이름이 싱글맘이라죠……?

헤어짐의 아픔을 간직하는 건
저마다 다르다구요.
내 아픔의 이유는 비밀이랍니다.

사랑하고 사랑의 열매를 만들고
행복하길 바라는 마음에 함께하길
용기 냈었던 적이 있었죠.

서약을 하죠.
검은머리가 파뿌리처럼 하얗게
될 때까지 살아가겠노라고
비록 깨어진 아픔이 되어 버렸지만요.

엄마의 생신이랍니다.
온가족이 모이면 20명 남짓
모두 다 짝을 이루어 행복한 모습으로
모여들지요 그런데 말입니다.
내겐 슬픈 날이랍니다.

애써 감추려 하지만
뭔가 부족한 모습의 자신 없는 모습을
보이긴 싫어 더욱 커다란 소리로
웃어 버리곤 맙니다.

내 자신감은 내 아이의
든든한 자신감이기도 하니까요
어금니를 꽉 깨물어 내는
기가 막힌 모습으로 살아갑니다.

내 이름은 당찬 여자랍니다.
누구도 나를 무시할 수 없도록
자신을 강하게 무장하는 당찬 엄마

내 이름은 억척스런 싱글맘이죠.
내 책임감들의 아름다운 자라남 속
멋진 모습이고 싶어서요.

삶일랑 거침없이 헤쳐 나가는
내 이름은 멋진 싱글맘이라죠.

그래서 사랑합니다

나를 울게도 웃게도 만드시는 당신
당신 때문에 환하게 소리 내어 웃는 법을 배웁니다.
당신 때문에 가슴 아픔이 눈물이 되어 버린다는
사실도 알아 버립니다.

웃게 해주시는
그 고마운 마음에 항상 감사하구요.
걱정하지 않게 해주시려는
그 정성스런 마음에 감동 받아요.

열심히 사랑을 품어 주신 당신
이렇게 저렇게 말하지 않는다 해두요
당신 마음 다 알 거 같아요.
내 마음 아파 서럽게 울 때
당신도 함께 아파 울었을 거라는 걸
내 미소 기쁨 가득함이 번져 올 때
당신도 함께 기뻐했을 거라는 걸요

맑고 아름답기만 한 하늘을
함께 느끼고 바라보는 내 당신

그런 당신
지금 이 순간에도 사랑하구요
보고픔이 함께합니다.
사랑이란 게 정말 있긴 하네요.
변치 않는 사랑느낌이었으면 하는 바람을 갖으며
마무리하는 살아감 속의 어느 하루입니다

시계

흔들림 없는 규칙 속에
가두어 놓은 소리가 쉴 새 없이 가버린다.
또가닥 또가닥 또가닥……

한마디 말도 미소도 없는
무뚝뚝한 소리가 쉴 새 없이 가버린다.
온기라고는 전혀 없는 무정한 소리로……

가지 마라 마라 꼭 잡고 가지 마라
초침을 멈추어 보아도 쉴 새 없는 소리는
세월 따라 가버린다…… 또가닥…… 또가닥……

심장이 춤을 추기 시작한다.
규칙의 음률을 느끼던 심장이 중독된
박자에 맞추어 춤을 춘다.

세월이 춤추듯 흘러가 버린다.
이놈의 시계야 저놈의 세월을 묶어 둘 수는 없는 거니?

백팔 배

일 배의 시작으로
간절함을 묻는다. 힘겨운 살아감에
간절함을 실어 소망을 묻는다.
열 번의 움직임에
의문을 품고 만다. 끝까지 해낼 수 있으려나
이미 힘든 삶인데
스무 번 떨림의 두 다리에
자신감을 잃어 가지만 악착같은
다짐을 또다시 해본다.
서른 번의 엎드림은
힘겨움을 이야기한다.
시작하지 말 것을 후회의 한숨을 쉬어 보지만
마흔한 번의
새로움으로 인내를 다짐하고
쉰 번의 휘청거림은
나머지 반…… 삶의 도약을 새 마음으로
치장하고 힘을 얻는다.

예순의 인내는

삶을 뒤돌아 힘겨움과 휘청거림의
용기를 가르침으로 받아내고
일흔 번 움직임에
예순아홉 번의 이룸을 뿌듯해하며
남은 삶의 숙연함을 깨닫는다.
여든의 익을 대로 익은
농염함을 사랑하게 되는 나를 발견하고
아흔 번 간절함이
끝을 바라봄에 흐뭇한 미소와 땀으로

얼룩진 노력을 기쁨으로 맞고
백 번을 쓰러지고 일어남이
아흔아홉 번 나의 흔들림을 이야기하며
마무리를 향한다.

나머지 여덟 번의 여유를
땀의 열매로 거둔다.
간절함이 이루어지는 바람으로……!

뒹굴이의 하루

일어나라 시끄럽게 울려 대지 마라
이놈의 알람시계야
일요일은 뒹굴 요일이라니까
포근한 침대를 거뜬히 버릴 용기도
세수하기도
이빨 닦기도
밥 먹기도
문밖 슈퍼도 가기 싫어
퍼팩트 게으름뱅이 뒹굴이 하고픈 하루

위로 좌우로 뻗친 제멋대로 머리
감지 않아도 정리하지 않아도
우스꽝스런 쌩얼에 바르고 칠하지 않아도
속눈썹 마스카라로 힘주지 않아도
아무도 뭐라 할 사람 없는
완벽한 뒹굴이의 하루

티비(TV) 켜면 왕자 공주 인형 닮은

연예인들이 즐거운 눈을 만들어 주고
주방 한편 듬직한 냉장고 안 가득한
달콤한 아이스크림이 입을 만족시키고
뽀골이 탄산음료가 톡톡 튀는
상큼한 기분을 만들고
누가 뭐래도 오늘은 뒹구는 내가
최고인 뒹굴이 하루

"엄마……!!! 배고파~ 밥 줘~~!!!"
울고 싶다
꿈 깨라 하신다.
뒹굴이도 못 하는 아줌마의 하루……

사랑싸움

모퉁이를 돌아서니 네가 보인다.
어디로 가버렸나 한참을 찾아보았는데
막다른 골목길 끝이라 생각했는데
그 길 끝에 모퉁이가 있었다.

왼쪽으로 난 길 모퉁이였다.
이리 갈까 저리 갈까 망설였는데
막다른 골목길 끝 모퉁이는
왼쪽으로 나 있었다.

첫눈에 너에게 반해 버렸었다.
행복한 만남들 그러다 한 번 토라졌는데
막다른 골목길 끝인가 보다 했었는데
한 번쯤 돌아보라는 길모퉁이가 있었다.

내 심장은 왼쪽에 있다.
왼쪽 가슴이 네가 없는 내내 저려 왔었는데
막다른 골목길 끝 모퉁이는

왼쪽으로 나 있었다.

모퉁이를 돌아서니 네가 보인다.
어디로 가버렸나 한참을 찾아보았는데
나를 떠나 버렸다고 가슴앓이 했던 너는
그 길 끝에 밝은 미소 머금고 서 있었다.

재빠르게 달려가 안겨 버린다.

사랑싸움 two 후유증

눈부신 날이다.

핫도그 가게 앞에서
먹기 싫은 점심 땜빵으로
케찹 듬뿍 바른 핫도그를 먹었다.

따스한 날이다.

걷기 편한 운동화를
신고 걸어도 두 다리는 힘겹다.
마음이 무겁다. 내 몸무게 두 배만큼 무겁다.

햇살이 잎새에 반짝인다.

두 눈에 담는
빛나는 그림임에도
어두운 구석구석을 바라보는 못된 기분이다.

햇살이 잎새에 부딪히는
따사로움이 포근하게 아름다운
정말~! 눈이 부신 봄날이다

그런데도

밖으로 나가기 싫은 봄날이다
불어오는…… 조금은 서러운 봄바람만이
차갑기만 한 내 마음을 어르고 또 달래는
미워 죽겠는 봄날이다!

새치머리 감춘다고
시름이 감추어지나요

어느 날 당신 머리에 하얗게 올라온
새치 머리카락을 바라보았더랬죠.
젊음을 좀먹어 가는 당신 머리카락엔
지난날들의 노력의 삶이 보입니다.

푸념 섞인 말로 한마디 던지는 당신~
"나…… 나이 먹어가나 봐……"
"당신이요?~ 아직 아이돌 같은데……"
얼마나 멋진 당신인데……

시간을 살아온 게죠
당신의 조각을 소중하고 값지게
나누어 준 사랑이
훈장처럼 멋지게 올라온 게죠

뒷모습을 보이며
애써 밝게 웃어 보이고는 시름의 터로
향하는 당신을 바라보네요.

돈타령 사랑타령만 하던 내가 부끄러워요.

그런 당신에게 내가 해주고 싶은
멋대가리 없는 최선의 말은요.
당신 나에겐 최고라는 말~!!
당신 나에겐 사랑이란 말~!!
그리구요…… 언제나 힘내라는 말이요……~

새치머리 감추고 감추어도
힘겨움이 자라난 머리카락 속
당신 고단한 인생을 보고 말아요.
새치머리 감추고 감추어도
당신 시름이 감추어지진 않아요.
내 눈엔 다~ 보이니 말이에요.

보고픔의 일 초 일 초를 모아서 그대를 그립니다

보고픔의 일 초들을 모으고 모아서
긴 시간들을 가득하게 채워 왔습니다.

머릿속을 가득 메우는 그댈 위한
그리움은 그리워할까 말까…… 하는
고민을 허락하지 않습니다.

이름 끝 자 하나만 떠올려도
생각의 자동문을 열어 버리니까요

사랑의 통증들을 모으고 모아서
기나긴 시간들을 또다시 채워 갑니다.

펼쳐도 끝이 없는 마음의 깊이는
그대를 사랑할까 말까…… 하는
망설임은 허락하지 않습니다.

들려오는 목소리만 들어도

마음의 공간을 그대 하나로 가득~

메워 버리고 마니까요.

남자의 아침……

꺼친 수염이 간밤 짧은 잠 시간에도
열심히 자란다.
수염 없는 여잔 모른다고 우쭐대지만
이른 아침마다 말끔히 밀어내야 하는
귀찮음의 사실을 알까나……?

불과 몇 시간 전 먹어 댄 쓴맛인지
단맛인지 모를 몇 잔의 술 때문인지
입맛은 쓰다.
아침은 그렇게 뜨는 둥 마는 둥
거칠어진 피부와 퀴퀴한 냄새를
씻어내고 한 방울 조금은 진한
향기로 나를 정리한다.
제대로 차려입은 건지 제대로 신은 건지
제대로 정신은 맑은 것인지
아침 공기는 들이쉬는 숨을 시원케
하는 힘은 가진 듯하다. 그러나
정신없다……진짜 미치겠다……짜증난다!

간밤 내린 눈 덕에 오늘은
지옥철에 만원버스 부대끼고
밀치고 찌그러지고 숨 쉬기 곤란할
정도의 출근길은 그렇게 혼쭐 빼는
시간들로 마무리하고 만다.

진하기 이를 데 없는 커피 한 잔과
해롭다 하여 니코틴 1mg으로 줄인
담배 한 대를 물고 전쟁의 시간을
기다려 본다.

여자의 아침

찬바람에 까칠해진 피부 상할라 마사지 팩
하날 밀착시키고 불면의 밤을 뒤척인다.
잠깐의 수면 속에서라도 날아오르는 꿈을
꾸고 싶다
시끄럽게 귀를 괴롭히는 알람소리가 울린다.
간밤의 뒤척임을 말하듯 헝클어진 머리카락

병자와 흡사한 화장기 없는 얼굴을 씻어내고
길들여진 초스피드 화장법을 얼굴로 익힌다.
여자는 향기라 했다
한 방울 날아갈 듯 은은한 향기로 나를 정리한다.

깊은 잠이 없는 입맛은 쓰다
쫓기는 시간에 맞추어 아침은
보기 좋게 그을린 토스트 하나

아침 공기는 들이쉬는 숨을 시원케
하는 힘은 가진 듯하다

그러나

정신없다……진짜 미치겠다……짜증난다!

간밤 내린 눈 덕에 오늘은

지옥철에 만원버스…… 부대끼고

밀치고 찌그러지고…… 숨 쉬기 곤란할

정도의 출근길은 그렇게 혼쭐 빼는

시간들로 마무리하고 만다

진하기 이를 데 없는 커피 한 잔 그리고

알맞은 높이의 멋 내기 하이힐과 함께

피곤함에 지쳐갈 바쁜 하루를 기다려 본다.

가을 흔적

마지막 가을 흔적은
내 안에 깊은 감동을 그려 넣고

온기 가득한 향기로움은
차가운 겨울을 들이켜고

그대 안에 가두어 놓은 사랑은
미소 머무는 행복으로 가득하고

지칠 줄 모르는 초침은

향기로운 흔적을 간직한 인생을
머무르게 하려는지

향기로운 흔적을 간직한 인생을
변화하게 하려는지

가을

가을이 깊어가는 걸

불어오는 바람의 결에서

느끼고

높아만 가는 하늘의 깊이에서

알아간다.

달을 보아라

흐린 구름이 울적울적 가려 버린 날
답답한 호흡이 몹시도 커져 버리걸랑
한숨을 잠재워 줄
밝아오는 달을 보아라.

빗방울이 구슬구슬 떨어지는 날
어디론가 향하는 그리움이 커져 버리걸랑
외로움을 밝혀 줄
밝은 달빛 달을 보아라.

햇살이 따끔따끔 내리쬐는 날
살아갈 힘겨움에 멎는 숨 지쳐 버리걸랑
지친 맘을 식혀 줄
시원한 달빛 달을 보아라.

마른 나뭇가지 부석부석 슬퍼 보이는 날
허전함이 감당되지 않아 버리걸랑
가슴을 채워 줄

농염한 달빛 달을 보아라.

눈발 쌓여 소북소북 위태로워 보이는 날
깊은 마음이 얼어 버리걸랑
차가운 마음 녹여 줄
따스한 달빛 달을 보아라.

달빛이 보들보들 부드럽게 감싸겠노라
쉬지 않고 비추기를 약속하거들랑
그대를 품어 줄
걱정마라 노래하는 달을 보아라.

금 거래소

포대기로 아기를 폭삭하게
감싸 안은 늦둥이 어미처럼 보이는 여인
근심 가득한 얼굴로 이리저리
서성거리기를 반나절
차가운 봄바람이 이는 거리 위
망설임의 두 눈으로 여인이 뚫어져라
바라보는 것은
"금 최고가로 매입합니다~!"

그 속을 들여다본들~
분명한 건 여인에게 필요한 건
몇 푼의 현금이었을 거라는 생각에 멈추고
시간이 힘겨웠을 거라고
추측을 하는 건 그리 어렵지 않은 일
불경기라고들…… 어려운 돈줄의 흐름은
삶을 막아설 수밖에 없었을 거야~

여러 해 전 금딱지를 모아 나라 경제를

바로 세우던 건 여인의 금딱지였을 테지
돌 반지 꽁꽁~ 숨겨 두었던 것일진대
이다음에 아이 결혼식에 예물 반지
해주려 했었을까나?
다만, 오래전 전당포를 찾던 아낙네의
발걸음을 기억하며
여인의 어려운 삶을 그려 볼 수밖에 없다.

나라의 대장도 바뀌었지~?
계절도 녹아내리고 피어남으로 바뀌었고
시간을 지나는 동안 저 안쓰러운
여인의 입가에 미소가 밝게 번져 오르기를
바람만이 간절한 날에 써 내려간 나의
아침 일기~!

2013년 3월 9일에
날씨는 쭈~욱 화창함만 가득했으면……

그녀를 기억합니다

이른 아침 햇살을 창가에 가두고
햇살보다 더 밝은 웃음으로 나를 깨우던
그녀의 모습이 보고 싶어집니다.

달그락 소리를 주방 한편에 가두어 놓았나요.
그녀가 없는 허전한 공간에서도
달그락거리며 한 끼를 준비하던 그녀의
모습이 사라지지 않습니다.

포트에 물을 끓입니다.
끓어오른 수증기의 따스함에서 그녀의
따스함이 느껴지는 건 왜인가요.

모카 한 잔의 퍼져 오는 향기에서
그녀의 가녀린 향기가 퍼져 오릅니다.
향기마저 지울 수 없게 가두어
놓아 버렸습니다.

행복을 약속했었는데
깊은 한숨 속에서 지우려 버둥거리기를
수억만 번 해 보아도
뜨거운 눈시울만 느껴 버립니다.
먼 하늘 속에서 그녀가 너울 바람으로
쉼 없이 내 곁에 불어 내리기 때문입니다.

따사로운 햇살 속에
세상의 아름다운 소리에
퍼져 오는 향기의 숨결 속에
온갖 아름다움을 가두어 버린 그녀를
아무래도 잊을 수는 없을 거 같습니다.
잊을 수 없다면
영원히 그리워하며 살다가
언제고 그녀의 햇살 같은 품으로 가렵니다.

차가움이 머무는
주름 한 점 없는 어느 날~!!

조각구름도 한 점 없는 하늘은
내 안에 바다의 모습으로
차가운 숨죽인 잔물결을 일으킨다.

비우고 또 비우려 하는
얼기설기 속세의 마음이건만

비워 낼 수 있는 건 그저
말없이 사라져간
주름 없는 육신의 흔적들뿐

울어도 보고 웃어도 보고
살아내는 모양새야 너도나도
같다고 위안 삼은 세월을

깊은 하늘 바다에 흘려보내려
끝도 없는 묵언의 바다에
한없이 한없이 시선을 빠뜨린다.

차가움이 머무는

구름 한 점 없는 어느 날~!!

겨울비 때문인가요?

겨울비 때문인가요?
작은 숨결이 늘어 버려요
단지 좀 지친 하루였을 뿐인데

겨울비 때문인가요?
철컥 가슴이 내려앉아요
단지 좀 그리운 하루였을 뿐인데

겨울비 때문인가요?
울컥 눈물이 맺혀 버려요
단지 당신이 보고 싶은 하루였을 뿐인데

겨울비 때문인가요?
한겨울 포근함 속에서 따듯하게
내리는 당신 사랑을 그려 버리고 맙니다.

기억 버리기

지나간 시간에게
연락이란 걸 받았습니다.

지나가 버린 시간
아쉽지 않았느냐고
시간을 조금만 내어 준다면
주어진 시간 동안 무얼 하겠느냐고

만약에 말입니다.
지나가 버린 시간이 다시
주어진다면 말을 아끼렵니다.
마음에 없는 말로
누군가에게 상처 주지 않으렵니다.

그리고 말입니다.
지나가 버린 시간이 다시
주어진다면 말을 나누렵니다.
마음 가득한 진실로

누군가에게 사랑을 나누렵니다.

그런데 말입니다.
지나가 버린 시간은 다시
주어지지 않는다는 걸 알고 있답니다.
상처의 말은 아낄 거구요.
사랑의 말은 나누렵니다.

지나간 시간에게 다시는
연락이란 걸 받지 않을 겁니다.

나의 아름다운 왕이시어

아침 이슬만 모두어 놓은
귀한 물에 고운 살결 씻어 내리시고
정성으로만 가득 담은 먹거리를
감사한 마음 담아 곱씹어 조심조심 소량 드시옵고

걷는 걸음 걸음걸이마다
찬찬하고 우아한 걸음으로 걸으시옵고
그대의 근엄한 입에는
모든 이가 우러르는 언행만 담으시옵고

바삐 가야 하는 일에는
생각에 생각을 더하시어 행하심을 급히 마옵시며
거두어 가야 할 내 사람들에겐
어질고 깊은 마음을 나눠 주시어 감복하게
하옵시길 게을리 마시옵고

세상을 바라보심에
인자함을 아낌없이 품으시고

아픔을 가진 자에게는
치료의 노력을 게을리하지 마옵시며
거만한 자를 겸손하게
길들이시는 능력을 가지시어
교만을 거두시옵소서

하루해가 저물어 갈 때에는
그대의 사람들과 함께 마무리하시며
그들을 치하함의 말은 아낌없이 주시어
고단한 사람들의 삶을 나누시옵고

또 다른 해가 떠오르는 하루를
그대의 드넓은 마음으로 나누어 주시어야 하기에
부족함이 없도록 곤히 쉬며 담으시옵소서
피곤한 그대 육신마저도 곤히 쉬게 하옵소서

왕이시어
나의 왕이시어

사랑하는 나의 왕이시어
떠오르는 달의 정기는 겸손으로 품으시옵고
떠오르는 태양의 빛은 간절히 품으시옵소서

나의 아름다운 왕이시어

아름다운 왕의 사랑

어느 날

아름다운 왕이
발걸음을 움직일 때마다,
바람결을 가르는 향기에 취해
왕의 발걸음을 주시하는 여인들은
너도나도 사랑에 빠져 버리고 맙니다.

왕의 시선은
하늘을
높은 곳을 바라보고 있기에
눈 밑 아래로 보이는 여인들의
간절한 모습은 볼 수가 없었답니다.

여인들은 한결같이
왕의 아름다움에 사로잡혀
가슴앓이를 하고, 왕의 아름다운
미소가 자신을 향해 지어지기를 기다리죠.

아름답기만 한 왕은
자신을 바라보는 수많은
군중의 시선 속에서 그들에게 말합니다.

“나를 사랑하라 그대들이여
나의 아름다움은 구름 끝에 걸려 있으니
나를 사랑하는 것은 구름을 잡는 것이다.”

“나를 사랑하지 마라! 그대들이여
나의 사랑은 고결하여 내가 하늘을 사랑해야만
땅 위에 촉촉한 생명의 비를 뿌릴 것이다.”

그대들아

“그것이 내가 주어야 할 가장 아름다운 사랑이다.”

그런 사람 하나 있으면 좋겠다

무거운 물건을 들어 올리기가 버거울때
곁에서 슬~쩍 함께 거들어 주는..
그런 사람 하나 있으면 좋겠다.

눈에 들어간 가벼운 먼지 하나 때문에
따가운 눈물이 흐를때 후후 불어 떼내어 주는..
그런 사람 하나 있으면 좋겠다.

자꾸만 나오는 참을 수 없는 웃음에
두 눈 마주치며 크게 소리내어 웃어 주는..
그런 사람 하나 있으면 좋겠다.

어느날 하늘로 돌아가는 나의 뒷모습에
넋놓아 슬피 울어줄만큼 나를 사랑해줄
그런 사람 하나 있으면 좋겠다.

정말..
그런 사람 하나 있으면 좋겠다~

사랑하는데 이유가 필요하다면

그대가 내게 말합니다.
사랑해줘서 너무 감사한 사람 당신이라구요.
내가 그대에게 고백합니다.
마음의 끈이 닿아 버려서 어쩔 수 없답니다.

그대가 내게 말합니다.
내 아픔 이해해 주신 당신 감사하다구요.
내가 그대에게 고백합니다.
그대를 사랑해 버려서 어쩔 수 없답니다.

그대가 내게 말합니다.
왜 나 같은 사람 사랑하신 겁니까?
아무것도 해주지도 못하는 바보인데
내가 그대에게 고백합니다.
무조건 사랑해 버린 당신이기에
어쩔 수 없답니다. 나는

사랑하는데 이유가 필요하다면……

무조건이라고 망설임 없는 대답을 해버립니다.
나는……

언젠가 내가 말했었지?

새벽빛이 어둠을
훑어 내려오는 시작부터 제일 먼저
선명하게 떠오르는 건 너의 눈빛이라고

밤사이 헝클어진 머리와
부스스한 얼굴을 사랑스럽게 다듬는 거
그게 다 너 때문인 거라고

바삭한 토스트 한쪽을
베어 먹을 때에 어울리는 원두커피 향을
매일매일 함께 마시고 싶은 건 너라고

출근길 현관문을 나서며
들이쉬는 상쾌한 가슴을 함께하고픈 것도
사랑스런 너라니까……!

시간을 지나치는 바쁨 그 안에서
거리의 수많은 얼굴들을 바라보지만

내 눈에 인이 박혀 하루 종일 절대로 절대로
지워 낼 수 없는 건 바로 너라고

하루가 저문다.
하늘 끝 부드러운 바람과 함께
포근하게 내려오는 네온 빛깔 속의 어둠까지도
함께하고픈 건 바로 너라고.

그리고 또……또……또……
활짝 웃는 미소가 너무도 멋진 너.
그런 너와 함께 사랑의 꿈꾸고 싶은 게 나라고……

언제나 쉼 없이 떠오르게 만드는 너.
언제나 쉼 없이 함께하고프게 만드는 너.
언제나 쉼 없이 사랑하게 만드는 너.
그리고 또 언제나 보고 싶게 만드는 그리운 너.
그런 너를 진짜 사랑하고 있는 게 나라고.

언젠가 말했었지?
너 하나만 무조건 사랑한다고.
죽을 때까지도 너 하나만 사랑할 거라고.
그 모든 게 진짜! 진짜! 진짜! 지인짜~라니까!
그러니까 말이야!
사랑하는 맘 변치 말자고
세상 끝 날까지 함께해 버리자고
그 언젠가 다~ 너에게 말했었지?

남편은 외박 중

이리 뒤척~ 저리 뒤척~거리다가
이내 전화도 없는 사람에게
화가 나 버립니다.

수십 번 전화해도 받지 않는 사람
도대체 뭡니까~?
일차 이차 술이 술~술……!!
입가심에 가벼운 맥주 한 잔
알~딸뜨름 술기운 풀기 위해
노래방에 간 게지

시끄러워 벨소릴 못 듣는 거라
그리 생각하며 홀로 위로하지만
요즘 그 뭡니까? 도우미?
아무튼 유혹의 거리에 맡겨진 사람
불안하기만 하네요.

벌써 열하고도 두 번째 전화를 해요.

머리끝이 뜨거워질 만큼 화가 난 마음은
이상하지만 걱정으로 바뀌어 버립니다.
설마 사고~?
못된 상상 속의 상황이 그려져
초조하리만치 불안합니다.

자정을 넘겨 버린 시간
하루를 꼬박 새워 버리는 마누라
걱정…… 정말 정~말 안됩디까?
무심하기 이를 데 없는 사람~!
쪼끔 아니 많이 나쁜 사람

들어오기만 해봐라!
이 양반아 아침밥은 없을 줄 아슈~
속 쓰리다 사정을 해도 꿀물 한 잔 없수~
앞으로 일주일은 맛난 반찬들
절대루 절대루 없을 거요.

흥~!!!

그저…… 사랑해라고 말합니다

설렘의 느낌을 선물하는 사랑이란 근사한 말
모든 걸 설레게 만드는 사랑이란 그 말은
소중한 추억의 한때 한때를 기억하게 만듭니다.

하루를 더하기 하고 또 더할수록 알아가는
가슴이 속삭이는 아려오는 심장의 두들김 소리
사랑하게 되어 버려서, 서로 벗어나고 싶지 않아서
환상 같은 이야기에서 사실이 되어 버린 이야기가
신기해서 피식 웃어 보기도 해버립니다.

어떻게 사랑을 예쁘게 만들어야 할지
어떻게 사랑을 변치 않게 지켜야 할지
몰라서 아무것도 몰라서, 고민 고민하다가
그저 사랑해라고, 사랑해라고 말할 뿐입니다.

하루가 지나치고 또 지나치고
멈칫거림도 없이 지나가지만
가끔 바라보는 빛깔 고운 하늘에

하얀 구름 잡아다가 커다랗게 써 내려갑니다.

손가락 하나를 흰 구름 향해 꾸욱 꾹 눌러 잡아다가
사랑해요…… 사랑해요…… 사랑해요……
이유 없이 오늘도 당신만 죽도록 사랑해요라고……
그리고……

나는 그저 또 사랑해라고 말합니다.

야!! 너…… 공주병이야!!

헤이 걸~ 네가 지나가면
모든 이가 너의 향기에 취해
넘어진다 생각하니?
하지만 착각이야
오픈 상가 행사하는
내레이터 모델 쳐다보는 거야

헤이 걸~ 네가 노래하면
모든 이가 감미로움에 반해
흔들린다 생각하니?
하지만 착각이야
매일매일 빠짐없이
찾아가는 노래방 죽순이로 알아

헤이 걸~ 동그란 너의 눈에
모든 이가 호수처럼 잔잔함에
빠져든다 생각하니?
하지만 착각이야

성형외과 쌍꺼풀 견적
얼마짜리일까 궁금해서 보는 거야

헤이 걸~ 너의 아름다움
모든 이가 예뻐하는 모습이라
사랑한다 생각하니??
하지만 착각이야
넌 나만이 예뻐하는
내 사람이란 걸 잊지는 마

너 하나만 사랑하는 건
불치병 공주병에 헤매는 널
처음처럼 마지막인 것처럼
사랑하는 남잔~
나밖에 없다는 걸……!!!

야!!! 너…… 진짜 공주병이야!!!

달빛이 물든 겨울은 쓸쓸하지만은 않다

어느 해 겨울인가 나는

어둠이 깊숙한 곳에 머물러
쓸쓸하기만 한 달을 보았다.
외로움이 깊숙하게 스며든

보이고 싶지 않은 내면을 감춰 버렸다
어둠을 밝히는 그 빛으로 감춰 버렸다

서툴기만 한 발걸음을
따라서…… 따라서…… 따라서……
도달할 수 없는 그곳
결국엔 지쳐 도달할 수 없었던
빛의 시작!!

빛을 등지고 돌아선 나는

어둠이 깊숙한 곳에 머물러

쓸쓸하기 만한 나를 보았다.
외로움이 깊숙하게 스며든

보이고 싶지 않은 내면을
감춰 버렸다.
어둠을 밝히는 넉넉한 미소로
감춰 버렸다.

그리고……

그놈의 쓸쓸한 달빛은
내 서툰 발걸음을 따라서 따라서
조용조용 따라오고 있었다.

어느새 밝아진 마음
쓸쓸한 나를 지키며

어느새 함께하는 달빛!!!

꽃

작은
씨앗의 존재로 태어나
두터운 흙을 뚫고 나오는
인고의 과정을 거쳐
연푸른 싹을 틔워 내고
거침없이 자라나는 생명력으로
몸 줄기를 형성해 나가고
짙푸른 잎들이 무성한
자연이 주는 생명의 양식을 머금고
한 송이 향기를 품어 내는
꽃으로 태어나다.

봄을 만나야 하거든요

이제는 지루한 겨울잠에서
깨어나야 할까 봐요
마음을 씻어 내고
봄을 만나야 하거든요.

눈꺼풀을 꿈뻑 거리며
감긴 눈을 주체하지 못하던
지루한 겨울잠에서
깨어나야겠다구요.

두터운 외투를
벗어 버려야 할까 봐요
얼어붙은 무게를 벗어 버리게요
봄이란 놈을 만날 거거든요.

눈꽃의 차가운 아름다움을
이제는 잊어야 할까 봐요.
새싹을 틔우는 아름다움을

만나야 하거든요

얼음 바람의 알갱이를
이제는 녹여내야 할까 봐요
먼 곳에서 이는 꽃바람이
다가오거든요.

오래 묵은 하품을
이제는 걷어 내야 할까 봐요
희망이란 놈이 거침없이
다가오거든요

햇살마저 나를 깨워요.
이제는 기지개를 켜라네요.
뭉게뭉게 오른 흰 구름들이 겨울을
모두 걷어 갈 거라고

돌아서지 마요.
나 여기 있을게요

언제나
말없이 웃기만 하는 사람 당신이라네요.
내 보기엔 당신 웃고 있는 게 아니었는데 말입니다.

가끔은
소리 높여 즐거운 듯 말하는 사람 당신이라네요.
내 보기엔 그리 즐거워만 보이진 않는데 말입니다.

언제나
아픔을 참기만 하는 사람 당신이라네요.
내 보기엔 아픈 상처가 터지려 하는데 말입니다.

가끔은
뒤돌아서서 눈물 훔치는 사람 당신이라네요.
내 보기엔 돌아서서 한참을 울고 있는데 말입니다.

언제나
웃지만 말아요. 즐거운 듯 말하지 말구요.

내 보기엔 그런 당신 너무나 안쓰럽거든요.

가끔은
내 손길에 아픔을 맡겨도 된다구요.
내 품에 안겨 눈물 흘린다 해도
너무 아름다운 당신이니까요.

돌아서지 마요. 나 여기 있을게요.

꽃비의 입학식

유독 또래 아이들보다 작아 보이는 아이가 저보다 훨씬 큰 가방을 지고 학교 간다며 좋아라 하는 것을 보니 마음 한 쪽 구석에 묘한 아림이 울려옵니다.

내 아인 엄마 품에 자라지 못했지요.
남의 자식들은 다 받아보는 엄마 품의 따듯한 사랑을 받아 본 적이 없는 아이랍니다.
할미가 잘해줘 봐야 얼마나 잘하겠습니까.
지 애미 젖가슴에 얼굴 부비는 것만 하겠나 말입니다.

할미인 내게 아이는 엄마라 부릅니다.
얼마나 그리운 이름이었기에 그리~ 부를까요. 주름진 얼굴에 걸음걸이도 힘에 딸리는 남들 보기에 분명한 할미인 나를요.

일하기 힘든 늙은 육신이 주민자치센터에서 제공하는 일을 해가며 보조 받는 몇 푼 안 되는 돈으로 잘 먹여 봐야 열흘에 한 번 돼지고기 사 먹이기도 힘들었지요.

그래서 내 아인 저리 키가 작은가 봐요

천사 같은 아이입니다. 해맑기 그지없는~ 얼굴은 또 얼마나 예쁘게요. 누 닮았는지 해가 일곱 번 바뀌기 전, 어린 나이에 덜컥 철없는 사랑 열매를 맺어 버린 어린 애미가 몰래 버린 아이~

내 집 앞을 비추던 가로등 아래 매화 꽃잎이 비처럼 내리던 일곱 해 전 봄날 꽃처럼 예쁘기만 하던 아이가 내게로 내려왔답니다.
아이의 이름이 꽃비라 지어진 이유이기도 하지요.

외로이 주름을 늘려가던 내겐 선물 같은 아이였답니다. 꽃비 아래 곱게 잠든 아기 눈을 뗄 수 없는 고운 모습이었지요. 언제고 아이의 모진 애미가 찾아오겠지 그리 생각하며 정성껏 키워 왔습니다.

옹알이를 하던 앙증맞은 모습.
처음으로 걸음을 떼던 기쁨의 모습
첫마디로 음~마라 하던 감격의 모습
김치 먹고 매워 울던 우습던 모습.
나를 바라보며 함박 웃음지어 보이던 안쓰러운 내 아이의 모습을 보며 울컥한 맘으로 정성스레 키워 왔답니다.

올해는 우리 꽃비 찾으러 오려나~ 언제나 우리 꽃비 지애미 기다리지 않을까나~ 노심초사하면서요.
만약에 꽃비 애미가 나타난다면요.
울지 않고 보낼 수는 있으려나 하면서 벌써 일곱 해를 보내 버리네요.

짝발을 뛰어가며 학교 간다며 행복해하는 우리 꽃비~ 나를 행복하게 하는 천사!
고사리 같은 손을 흔들며 함박웃음을 지어 보이고는 안쓰러움의 뒷모습을 보입니다.

바라건대 건강하게 천사처럼 맑게 꽃비처럼 아름답게 자라길 바랍니다.
어린 애미가 꽃비를 찾아 와 행복해지는 날까지요.
아니 찾아오지 않을지도 모르지만 행복한 꽃비가 되어 주길 오늘도 정성스레 바라는 할미입니다.

꽃비의 초등학교 입학식날에요~

꽃비의 입학식 두 번째 이야기

열 달을 아니 정확하게는 아홉 달하고도 열흘을 내 안에 품었던 예쁜 내 아기 백 번 천 번을 곱씹어 생각 끝에 낳은 소중한 내 아이 아이를 낳아 버린 게 잘한 일인지는 모르겠어요.
살아서 움직이는 생명의 씨앗을 피기도 전에 밟는다는 것이 버리는 죄보단 크다고 생각했을 뿐입니다.

일곱 해 전 겨울이 끝나갈 무렵 산통의 고통을 아무도 없는 빈방에서 풀어버렸네요.
탯줄을 자르고 묶는 일까지 홀로 해가면서 식은땀은 등줄기를 타고 온몸으로 흘러내리기 바빴습니다.
생명을 품은 줄도 모르는 무지의 나였지만 이리저리 뒤지고 또 뒤져 여린 생명은 아무 탈 없이 지켜 냈답니다.
훗날 이별한 아이의 아빠를 찾아봤지만 먼 나라로 이민 간 그 사람을 찾아낼 뾰족한 방법이란 내게 없었습니다.

매화 꽃잎이 바람에 이리저리 흩날리던 아름답지만 서글픈 봄날~ 가로등 밑 불빛이 포근해 보이던 집 앞 허름하지만 사랑이 넘칠 것만 같았던 조그만 집, 길고 가득한 편지와 아이의 옷가지와 분유 그리고 새로 산 핑크빛 요에 아이를 감싸 그 자리에 놓아 버리곤 주체 못하는 눈물과 함께 버리고 만 것입니다.
"정말 죄송합니다. 언제고 꼭 데리러 올게요"란 마지막 말만을 남기고

아름다운 매화나무의 향기처럼 사랑이 많으신 할매는 감사하게도 아이를 다시 버리지도 않으시고 소중한 사랑으로 키우고 계십니다.
하염없는 할매의 사랑이 못난 나를 부끄럽게만 만듭니다.

매화나무집 근방 모퉁이에서 아이를 몰래 훔쳐보기를 벌써 일곱 해, 작고 예쁜 아이는 사랑이 가득한 할미와 행복하기 그지없어 보입니다.
오늘이 아이의 입학식이랍니다.
할미는 다리가 불편하신지 작기만 한 아이의 뒤를 아주 느린 걸음으로 따르십니다.
'꽃비야 같이 가야지~'
당장 달려가 부축하고 함께 걸어가고 싶은 마음이 굴뚝같습니다.
여러 해 전 하늘나라로 가신 엄마를 문득 그려 봅니다.

아이의 할미를 바라보면서요.
전 열심히 열심히 일하고 있답니다.
작은 저 아이를 위해서요.
그리고 아름다운 할매를 위해서요.
미용사 자격도 얼마 전 취득했구요.
곧 내 가게도 만들 생각입니다.

엄마 없는 제가 방황으로 만들어 낸 아이지만 저 아이까지 엄마 없는 아이로 만들지는 않을 겁니다.
사랑이 깊은 할매와 아이를 내 가족으로 만들 날이 멀지 않았습니다.
지금은 도리 없이 돌아섭니다.

사랑하는 꽃비야 그리고 사랑하는 내 마음의 어머니~!
조금만 조금만 더 기다려주세요.

돌아서는 내 눈엔 소리 없는 눈물만 흐릅니다.

버스 탄 왕자

허겁지겁 늦어 버린 학교길~
학교 앞 버스정거장까지 가는 길엔
웃어 버리고 싶은 행복이 있습니다.

나보다 20cm는 커 보이는 큰 키에
검정 뿔테 안경이 너무 멋들어지게도
어울리는 나의 왕자가 기다립니다.
나의 하루를 시작하는 행복으로

칼같이 다림질한 댄디한 교복 칼라에
언제나 은은한 비누 향기를 풍기는
나의 왕자는 나의 하루를 기분 좋은
향으로 바꾸어 놓습니다.

곁눈질로 힐끗거리는 나를 알아볼까요?
뜬금없이 마주치는 눈빛에 화들짝 놀라
수줍게 내 얼굴은 붉어지네요.
가끔씩 친구들과 나누는 이야기 속에서

지어 보이는 미소는 큐피드의 아름다운
미소를 닮은 것 같습니다

쿵쾅거리는 가슴을 누르려 큰 숨을
들이쉬곤 그 자리에서 꼼짝을 못 합니다.
설마 모르겠죠?
내가 그를 매일매일 넋 놓아 바라본다는
부끄럽기만 한 사실을요.

버스의 불규칙한 흔들림
어느새 학교 앞 정거장에 아쉬운 도착을 합니다.
행복한 두근거림의 설렘에서
내려와야 할 시간이네요

그렇지만 내일도 행복할 이 시간을 기다리며
잠시만 나의 행복이야기는 접어야겠죠?
내일은 우연이라도 안녕하며 가벼운 인사라도
나눌 수 있다면 좋을 텐데요

아쉬움을 뒤로 하고 5분남은 등교 시간

빠른 달음으로 서두릅니다.~! 뛰~~자!

버스 탄 왕자 두 번째 이야기

정신없이 서둘러 학교를 향하는 나는~
그 틈바구니 속에서도 마음이 밝습니다.
아침마다 좀 늦은 듯한 등굣길 버스 안
귀여운 여학생의 모습을 바라보는 게
너무나 재미있고 행복하거든요.

가끔씩 살짝 붉은 얼굴에 볼 풍선을 불며
두 눈을 동그랗게 떠버리는 새침한 모습은
흡사 귀여운 알사탕 같다고 할까요.
친구들과 옆 반 누구누구 예쁜 여학생들
얘기를 웃어 가며 얘기하지만~
내 눈엔 볼 풍선이 귀엽기만 한 그 아이만
보입니다.
힐끔 힐끔 쳐다보는 걸 들키진 않았을까요?

가끔씩 흔들리는 버스 안에서 그 아이의
흔들림이 불안하기만 합니다.
넘어지지 않게 잡아주고 싶고 무거운

봇짐 같은 가방을 들어도 주고 싶은데
나는 항상 용기 없는 멀대같은 바보가 됩니다.

커다란 버스의 브레이크 소리와 흔들림이
학교 앞에 도착했음을 알리네요.
빨리도 오는군요.
오늘은 꼭 용기 내어 몇 반이냐고 물어보려 했는데
볼 풍선 그 아인 내리자마자
정신없이 뛰어가 버리는군요.
오늘도 겸연쩍은 머리만 긁적거리기만 합니다.

아쉽기만 한 등굣길
또 늦어 버렸습니다.
수업 시작종이
울리기 전 서둘러야겠습니다.

또…… 늦었다!! 이런~ 뛰~~~~자!!!

버스 탄 왕자와 볼 풍선 공주의 세 번째 이야기

미팅하던 날

너와 나~ 처음 만난 건
잠실역 5번 출구 아파트 단지 앞

너와 나~ 데이트한 곳
역세권 먹자골목 조그만 이층 선술집

어색한 첫 만남 수줍은 인사하기
첫인상 조금은 본 듯한 얼굴이었는데

왜 그리 할 이야기 많은지
시간이 아쉬운 너와 나의 이야기들

수줍은 미소 띠우던 얼굴엔
귀에 걸릴 웃음소리 커져만 가고

집으로 가던 너와 나

헤어짐이 아쉬워 다음에 또 만나자

첫눈에 알아 버린 걸까
말로만 듣던 운명 같은 내 사랑

생각하면 자꾸 웃음이 나
너와 나의 첫 만남 잠실역 이층 선술집

사랑하는 너와 나
영원할 거란 믿음 깨지지 않을 거라고

그런데 너~!! 볼 풍선 공주……??
그런데 너~!! 버스 탄 왕자……??

또 다른 시작을 위하여~

오늘의 삶이 힘들다는 생각은 누구나 갖는 마음의 짐입니다. 욕심을 비우면 늘 행복함을 알면서도 선뜻 버리지 못함은 삶이 힘듦보다는 내면의 욕망이 자아를 지배하고 있기 때문일지도 모르죠.

흔들림이 없어야 할 불혹의 나이에도 버림의 지혜를 깨우치지 못하는 것은……
살아온 것에 대한 아쉬움과 나이가 들어간다는 것에 대한 초조함이 아닐까 하는 생각이 듭니다.

머리로 생각하는 지성과 누군가에게 길들여진 듯한 관능을 조금씩 버리고 아름다움과 너그러움으로 채워가는 참다운 지혜가, 바로 마음을 비우는 것에서부터 출발한다는 것을 잊지 않았으면 합니다.

흐뭇함이 배어 있는 감동, 정갈함이 묻어 있는 손길, 당당함이 고동치는 맥박, 사랑함이 피어나는 인생을 위하여……
미움과 욕심을 버리기를 다짐해야 할 것 같습니다.

–김 시 은 –